AF452597

LE

# R. P. CLAUDE-JEAN MAUMUS

DE L'ORDRE DES FRÈRES-PRÊCHEURS

⁂

PARIS

AUX BUREAUX DE L'ANNÉE DOMINICAINE

94, RUE DU BAC, 94

# LE R. P. CLAUDE-JEAN MAUMUS



## I

La mort vient encore de frapper notre couvent du Saint-Sacrement, qu'elle a si souvent visité dans le courant des deux dernières années. Le R. P. Jean Maumus nous a été repris à la suite d'une longue et cruelle maladie, dont il avait ressenti les premières atteintes à Jérusalem, pendant son dernier séjour à Saint-Étienne, la chère maison dont il avait vu creuser les fondations et dont il espérait voir l'achèvement. Pas plus que le P. Lecomte, il ne devait avoir cette joie, si ce n'est du haut du ciel, où Dieu leur paie maintenant le prix de leur zèle et de leur dévouement.

Le P. Claude-Jean Maumus était né à Mirande, le 14 novembre 1840, d'une des familles les plus respectables du pays. Son père tenait dans l'estime publique une place justifiée par une carrière pleine de travail et d'honneur ; sa mère, une femme des temps antiques, pouvait s'enorgueillir à bon droit de la nombreuse famille dont elle était entourée, et qu'elle formait, par son exemple, à toutes les vertus chrétiennes.

Dans ces familles, rien n'est plus ordinaire que de voir les enfants appelés à la vocation religieuse et sacerdotale. Dieu y prend tout naturellement ses collaborateurs dans l'œuvre du salut des âmes. Claude Maumus ne tarda pas à suivre les traces de son aîné, entré dans la Compagnie de Jésus et maintenant recteur de French-Settlement, dans la

Louisiane. Obéissant à un attrait différent, il se présenta au noviciat de Flavigny, où devait bientôt le rejoindre son frère Élisée, plus jeune que lui de deux ans. Il y fit profession, le 21 octobre 1861, et fut aussitôt envoyé à Saint-Maximin pour y achever ses études théologiques, à la suite desquelles il reçut son assignation pour le couvent de Bordeaux, alors dépendant de la Province de France.

La mesure qui créa la Province de Toulouse eut pour effet de l'amener à Dijon, d'où il vint à Paris, comme en passant, pour se rendre bientôt après au couvent d'Abbeville récemment fondé en vue d'y établir le noviciat.

C'est là qu'il commença de se montrer tel qu'il était par la création d'un cercle de jeunes gens et d'ouvriers, dont il fut le premier directeur. Il y fit merveille, au dire de tous ceux qui ne se laissèrent pas aveugler par des préventions aussi tenaces que peu justifiées.

Rappelé à Paris, et assigné au nouveau couvent de Saint-Honoré, il quitte ses jeunes gens d'Abbeville, non sans regrets, mais avec le plus entier abandon à la divine Providence.

Dans la vie apostolique, comme dans celle des œuvres, le trait distinctif de son caractère fut toujours une bonté pleine d'entrain et de gaieté, qui lui gagnait tous les cœurs. Prédicateur aimable et persuasif, on lui dut le retour de bien des âmes ramenées à Dieu par le charme de cette bienveillance inaltérable suppléant à la puissance oratoire dont il ne se piqua jamais. Son humilité s'en inquiétait peu, à vrai dire, et pourvu qu'il gagnât des cœurs pour les porter à Dieu, il n'avait guère souci de paraître un profond penseur ou un lettré délicat. Comme l'apôtre saint Paul, il mettait son espoir non dans les ressources de l'éloquence humaine, mais dans la force de la charité qui le faisait tout à tous.

On le redemandait souvent, là où il avait donné des missions et des retraites, ce qui est la première preuve du succès. Au couvent, il avait une clientèle d'âmes dévouées et dociles, qu'il soignait avec une attention égale à leur fidélité : de conditions bien diverses, elles lui étaient toutes attachées par une même reconnaissance, presque toutes avaient trouvé en lui la même patience, le même désir de leur être utile, la même abnégation de tout sentiment personnel.

Il ne pouvait pourtant pas faire toujours ce qu'il aurait

voulu pour aider les âmes : sa santé délicate mettait sou‑
vent obstacle à ses bonnes intentions. Obligé de garder le
silence comme prédicateur, et même quelquefois comme
directeur, par suite d'une laryngite invétérée, il se *rattra-
pait* sur d'autres œuvres de charité, s'appliquant à décou-
vrir et à soulager des misères de toute sorte, particulière-
ment celles qui se cachent et craignent pour ainsi dire
d'être mises au jour. Avec quelle délicatesse et quelle per-
sévérance il travaillait à réparer les ruines ainsi découvertes,
à prévoir et empêcher celles qui se préparaient, ceux-là seu-
lement dont il pansa les blessures et sécha les larmes pour-
raient le dire, car lui-même ne sembla jamais savoir qu'il
eût fait tout ce bien. L'humilité est une des formes de la
véritable bonté ; la main gauche du chrétien et surtout du
prêtre qui fait le bien doit ignorer ce qu'a fait la main
droite, suivant la parole de Jésus-Christ.

Il y avait pourtant un moyen de surpendre les secrets
du P. Jean Maumus : c'était de l'observer en récréation.
Quand il s'épanouissait dans une de ces conversations où
il donnait, de son propre aveu, pleine carrière à sa verve
gasconne, il y avait toute garantie que les choses mar-
chaient à son gré, c'est-à-dire qu'il avait rendu de bons
et profitables services. Sa gaieté, en effet, avait des éclip-
ses, jamais bien sombres, mais qu'il était aisé de remar-
quer, aux jours où il doutait de trouver les ressources
nécessaires aux bonnes œuvres qu'il méditait.

La vie coulait ainsi pour lui tranquille, en dépit des
épreuves à traverser, lorsque Dieu lui ouvrit une route
absolument imprévue et qu'il devait suivre jusqu'à sa
mort. Au commencement de 1882, un pèlerinage à Jérusalem fut mis à l'étude parmi les catholiques de France et
devint bientôt une réalité. Des centaines de pèlerins se
groupèrent autour des organisateurs qui demandèrent aux
diverses communautés religieuses de Paris un représen-
tant au moins pour contribuer au service religieux de cette
nouvelle croisade. Le P. Jean Maumus et le P. Lavy se
mirent à la disposition des pieux itinérants et partirent
avec eux pour la Terre Sainte, sans trop savoir à quelles
fatigues ils s'exposaient, mais avec la certitude d'une grande
joie.

Le P. Maumus revint avec l'ardent désir de revoir la Palestine et le secret espoir de s'y fixer aux côtés du P. Lecomte, qui songeait dès lors à l'acquisition du terrain sur

*

lequel s'élève aujourd'hui le couvent de Saint-Étienne, près de la porte de Damas. En attendant, il rassemblait ses souvenirs pour des articles destinés à l'*Année domini-caine*, où ils ont paru depuis avec une forme plus développée et un charme renouvelé au voisinage des lieux saints.

La Providence lui accorda bientôt ce qu'il désirait si vivement. Le pèlerinage de 1883 comptait parmi ses aumôniers le T. R. P. Nespoulous, dont la santé s'altéra tout à coup, et qui ne put revenir avec ses compagnons de route. Retenu par la maladie à l'hôpital français de Jérusalem, il ne tarda pas à donner de telles inquiétudes que les supérieurs décidèrent de mettre le P. Jean Maumus à sa disposition, soit pour lui tenir compagnie, soit pour le ramener en France, s'il pouvait être transporté. Cette fois, il put tout à son aise s'imprégner du parfum d'Israël : pendant de longs mois, il partagea son temps entre les soins qu'il donnait à son cher malade et l'étude des souvenirs qui naissent sous les pas du visiteur partout où il met le pied. Il ne lui fallut pas grand effort pour s'identifier aux vieux colons de la Judée. Quand je le rencontrai, au cours de mon pèlerinage, au mois de février 1884, il m'apparut comme un disciple de ces vieux moines qui visitèrent et décrivirent si bien la Palestine, depuis Arculphe jusqu'au frère Liévin. Il avait remué toutes les pierres et interrogé toutes les traditions, pour leur arracher leur secret, qu'il poursuivait avec la foi du chrétien beaucoup plus qu'avec l'ardeur de l'artiste ou de l'historien.

Il avait entrepris de reconstituer le cadre des mystères du Rosaire, afin d'y mettre à leur place et avec leur physionomie réelle les acteurs de ces grandes scènes qui impressionnaient si doucement son âme. C'était plaisir de l'accompagner aux divers sanctuaires qu'il avait étudiés et faisait vénérer avec une piété communicative. Quelle heureuse journée nous avons passée ensemble à Bethléem, et qu'il faisait bon l'entendre, sur la route de la ville de David, raconter ce qu'il avait appris et éprouvé lui-même près de la crèche de l'Enfant-Dieu !

Lorsque le P. Nespoulous fut en état de revenir, il le ramena par l'Egypte où il put saluer, en passant, les souvenirs de l'enfance exilée du Sauveur. Passage trop rapide auquel il espérait bien donner une suite plus profitable à ses desseins.

La mort du P. Lecomte, enlevé le 19 juin 1887, parut arriver à point pour réaliser complètement ses désirs. La maison de Saint-Etienne avait besoin d'un supérieur qui fût au courant des projets du fondateur, des difficultés de l'œuvre entreprise et des ressources offertes par la situation. Le P. Maumus était tout désigné pour ce poste, au moins à titre provisoire : on le lui proposa et il l'accepta sans tenir compte des dangers qu'il allait courir en s'établissant à Jérusalem au plus fort des chaleurs de l'été.

Sa santé, déjà ébranlée, s'affaiblit encore, et d'autant plus rapidement qu'il ne comptait pas avec la fatigue et les privations. L'arrangement des affaires de Saint-Etienne le ramena vers nous, au mois d'avril dernier, épuisé, à bout de forces, mais conservant l'espoir de retourner en Orient, dès qu'il aurait un peu amélioré son état. Hélas ! c'était là une illusion que rien ne justifiait aux yeux de tous ; il paraissait bien voisin de ses derniers jours, et quand il s'en alla chercher des soins dans son pays et sa famille, nous lui dîmes adieu sans croire à son retour.

L'approche de la mort ne lui ôta rien de sa douceur patiente et sereine. Comme il avait souffert, il sut mourir, avec une âme tranquille et un gai visage, ne voulant pas, disait-il au P. Guillermin, attrister ses frères par la pensée de sa fin prochaine. Il avait pris, à l'avance, les précautions commandées par la prudence chrétienne : le jeudi 21 juin, il avait reçu l'Extrême-Onction et le saint Viatique. Le jour de Saint-Jean-Baptiste, il voulut recevoir de nouveau la communion, et, dans l'après-midi, il se confessa pour achever de purifier sa conscience. Puis il entra en agonie avec quelques moments de délire, où revenait la pensée de son cher Saint-Etienne. Puis le calme se fit tout à fait, et, dans la plénitude de ses facultés, il dit adieu à tous les siens, les embrassant avec tendresse et leur distribuant les objets de piété qui avaient été à son usage.

Une heure plus tard, il avait rendu son âme à Dieu, après six mois de souffrances supportées avec un courage héroïque, laissant une mémoire en bénédiction parmi tous ceux qui l'ont connu.

Ses obsèques furent célébrées avec une pompe exceptionnelle : toute la population de Mirande s'y empressait, et, à sa tête, tout ce que la bonne société compte de plus distingué. M. l'archiprêtre de Mirande prononça l'oraison funèbre du cher défunt, avec un accent pénétrant, au milieu de l'émotion générale. Mais la louange de notre frère était bien plus encore dans « cette sympathie si unanime et exprimée d'une manière si touchante, » que constate le journal le *Messager*. Sans nul doute, la famille Maumus, si justement honorée, avait sa large part dans cet empressement ; mais l'hommage ne s'adressait-il pas également à celui que tous avaient vu souffrir et mourir avec une si calme dignité ?

De telles pertes ne sont jamais sans consolations pour nous chrétiens et religieux, qui savons la fécondité de ces morts et le rayonnement de ces tombes. Aussi, en nous associant à la douleur de ce père vénérable, de ce frère qui est le nôtre, de toute cette famille si dévouée à l'Ordre de Saint-Dominique, ne pouvons-nous cependant oublier les paroles de l'Ecriture : « Heureux ceux qui meurent dans le Seigneur !... Ils ont paru mourir, et sont réellement entrés dans la paix !... Leurs corps reposent en des tombeaux respectés et leur nom survit de génération en génération ! »

Fr. Marie-Joseph Ollivier,<br>des Frères-Prêcheurs.

## II

A ce juste tribut d'affection que le R. P. Olliver vient de payer, au nom de son couvent et de sa Province, à notre cher défunt, qu'il nous soit permis d'ajouter quelques détails intimes, qu'un témoin oculaire de cette pieuse mort a bien voulu nous transmettre.

« Quand le P. Maumus vint, cet hiver, à Paris, écrit le R. P. Guillermin, la maladie qui nous l'a enlevé était trop avancée pour qu'il fût possible de l'enrayer. Le mal faisant des progrès, les médecins conseillèrent le climat plus doux du Midi. Le P. Jean quitta donc Paris au mois de février, et revint dans sa famille, à Mirande. Dans la maison paternelle, il choisit une petite chambre donnant sur une cour intérieure, et qui, par ses dimensions et son silence, lui rappelait sa pauvre cellule du couvent. Un autel où, tant qu'il en eut la force, il célébra le saint sacrifice de la messe, un plan en relief de Jérusalem suspendu au-dessus de sa table de travail, un vieux fauteuil de paille, quelques livres religieux et des images de Terre-Sainte : ce fut là tout ce qu'il voulut souffrir dans son appartement.

« Au mois de mai, dans l'espoir que l'air de la campagne lui serait favorable, on le transporta chez un de ses frères, à quelques pas de la ville, dans une gracieuse habitation entourée de jardins et de bosquets. C'est là, à l'ombre des grands arbres, en face des verdoyants coteaux, au pied desquels la Baïse roule ses eaux silencieuses, que s'écoulèrent dans la patience et la prière les dernières semaines de notre cher malade. Seuls, quelques amis privilégiés, avec les membres de la famille, étaient admis dans la petite chambre recueillie de la Flèche. Il était impossible d'y pénétrer sans être saisi d'un respect religieux. Et, en vérité, c'était bien un sanctuaire : *Ubi charitas, ibi Deus.*

« Comment dépeindre et cette charité dévouée de la part de ses frères vaillants et de ses pieuses belles-sœurs, qui se succédaient sans relâche auprès de lui, recourant aux plus ingénieuses inventions pour conjurer le terrible mal ; et cette charité délicate chez le malade qui, pour ne pas attrister les siens, taisait soigneusement ses souffrances et ses insomnies, et feignait d'être persuadé que la convalescence approchait ? Par moments, cependant, l'illusion chez lui était réelle. Il formait des projets d'avenir, il combinait des plans. L'objet, on le devine assez, était toujours son cher couvent de Jérusalem, sa chère œuvre de Saint-Etienne.

« La mort cependant arrivait. Le 21, le Père avait reçu les derniers sacrements dans les sentiments de la plus touchante piété. Le 24, fête de saint Jean-Baptiste, il fit aux siens ses suprêmes adieux.

« Le soir de ce même jour, son vieux père, qui jusque-là avait été tenu à l'écart, demande avant de se retirer d'embrasser son cher Claude. L'un et l'autre ont le pressentiment que c'est la dernière entrevue : le vieillard éclate en sanglots, le malade recueille toutes ses forces pour contenir son émotion, et, en silence, avec un grand calme, il embrasse, pour la dernière fois, ce père bien-aimé qu'il accompagne ensuite d'un long et profond regard jusqu'à la porte.

« La nuit arriva avec ses angoisses. Elle fut d'abord très pénible ; le pauvre moribond eut plusieurs syncopes alarmantes. Vers une heure du matin, il devint plus calme ; il répondit même qu'il se trouvait très bien. Sa poitrine devenant plus oppressée, on appela les membres de la famille ;

il voulut les embrasser tous successivement. On récita quelques dizaines du Rosaire, les Litanies des Saints et d'autres prières auxquelles le cher mourant s'unissait en ré-
pondant de son mieux. Au *Propritius esto* et à l'*Agnus Dei*,
il se frappa fortement la poitrine. A plusieurs reprises, il
demanda qu'on récitât le *Salve Regina*, cette prière qu'il
est d'usage, dans l'Ordre de Saint-Dominique, de chanter
au trépas de chaque religieux.

« Vers deux heures et demie, il fit approcher le confrère
qui représentait auprès de sa couche la famille religieuse,
et il l'embrassa affectueusement : ce fut son dernier bai-
ser. Il indiqua de nouveau la destination des divers reli-
quaires qu'il avait auprès de lui : c'était le seul testament
que lui permettait la pauvreté religieuse. Puis, prenant un
petit crucifix apporté de Jérusalem, il le pressa amoureu-
sement sur sa poitrine : « Ceci est pour moi, » dit-il; puis,
fermant les yeux, il se recueillit comme pour faire oraison.
Quelques minutes après, un léger hoquet et une inclinai-
son de tête annonçaient que son âme sortait de sa demeure
terrestre et entrait dans la paix éternelle. Il était un peu
moins de trois heures.

« Il est au ciel : c'était un saint ! » Telle fut l'exclama-
tion de tous les habitants en apprenant la triste nouvelle.
« Il est au ciel ! » c'est par ce mot que M. l'archiprêtre de
Mirande, à la gare, annonça la mort de son frère au P. Vin-
cent Maumus, qui arrivait de Corbara, cinq heures trop
tard, hélas ! « Il est au ciel! » ce fut l'impression de tous
ceux qui, dans la journée, vinrent le contempler sur sa
couche funèbre, tant sa physionomie était empreinte d'une
ineffable douceur et d'une divine sérénité. Telle est aussi
la conviction intime de tous ceux qui l'ont connu aux diverses étapes de son existence, de ceux qui ont vécu près
de lui dans le couvent, de ceux surtout qui ont été les
témoins de son admirable patience pendant sa maladie et
de sa précieuse mort. »

Un magnifique cortège accompagna le regretté défunt
au champ du repos. M. l'archiprêtre chanta la messe,
et, avant l'absoute, prononça l'allocution suivante, qui
résumait les qualités du vénéré P. Maumus, comme elle
exprimait bien les sympathies, les regrets, les espérances
de tous les assistants.

## III

Dilectus Deo et hominibus.

« Bien certainement, mes frères, vous n'attendez pas de moi, à cette heure, le panégyrique de ce cher et vénéré défunt; sa modestie me l'eût défendu pendant sa vie, et je respecte trop sa mémoire pour me permettre, devant sa dépouille mortelle, ce qu'il n'eût jamais autorisé de son vivant. Aussi bien, entre le dernier soupir et la tombe, il n'y a pas un temps suffisant pour pouvoir dessiner avec exactitude les traits multiples de cette physionomie si sacerdotale et si religieuse, et donner à mon récit le cadre et la mesure d'un éloge funèbre. — Eussé-je pu trouver le temps nécessaire, j'avoue que je ne me serais pas imposé le souci d'un pareil travail; il est ici des oreilles bien tendres et bien délicates, des cœurs horriblement navrés qu'il ne faut pas déchirer plus profondément encore par une profusion de détails intimes; et puis, il y a trop d'émotion dans mon âme, et je dirai volontiers trop de larmes dans mes yeux, au souvenir d'une mort si prématurée, pour que je puisse me permettre de longs discours.

« Tout ce que je veux en ce moment, c'est vous dire cette simple parole : *Dilectus Deo et hominibus*, le P. Claude-Jean Maumus fut chéri de Dieu et des hommes : — de Dieu, qu'il a aimé dès sa plus tendre enfance ; de Dieu, dont il a passionnément servi les intérêts, qu'il a toujours voulu faire connaître autour de lui, dont il a toujours été le fidèle ministre, et qui, certainement, a dû lui adresser déjà ces consolantes paroles : *Euge, serve bone et fidelis*, courage, bon et fidèle serviteur, entrez dans la joie du Seigneur...; oui, dans la joie du Seigneur, car sa mort, digne couronnement de toute sa vie, a vraiment été la mort d'un saint. — Entendez-le, mes frères, la caractérisant lui-même : une heure avant de rendre son âme à Dieu, il avait voulu embrasser une dernière fois tous les siens et leur distribuer les chers et pieux objets qui avaient été à son usage pendant sa vie. Scène vraiment déchirante, fréquemment interrompue par les sanglots que ne pouvaient contenir ceux qui en étaient les acteurs et les témoins ! Elle venait de prendre fin par la disparition des membres de la famille, qui étaient passés dans une pièce voisine pour donner un

libre cours à leurs larmes, lorsque le cher mourant, se tour-
nant vers le confrère et l'ami qui était agenouillé à son che-
vet, lui dit : « Faites revenir ici tous les miens. » — « Je
n'ai rien à vous refuser, mon très cher, mais laissez-moi
vous dire que toutes ces émotions brisent le cœur des vô-
tres, et surtout épuisent le peu de forces qui vous restent
encore. » Et lui de répondre : « Oh! ne me refusez pas ce
que je vous demande, car je veux que tous les miens sa-
chent et voient par eux-mêmes combien est douce la mort
d'un prêtre... » Et son bon ange complétait ainsi sa pensée :
« surtout la mort d'un prêtre tel que vous. » Avais-je raison
de vous dire qu'il était aimé de Dieu ?

« Mais il l'était aussi des hommes, et c'est ici, mes frères, que votre témoignage, s'il vous était permis de le pro-
duire publiquement, viendrait donner une force particulière
ou plutôt un poids immense à mon affirmation. C'est une
pensée généralement admise parmi les hommes que l'amitié
est chose bien rare sur la terre ; aussi l'Esprit-Saint a-t-il
voulu nous apprendre que celui-là est bien heureux qui,
sur mille, a trouvé un véritable ami. Quelques-uns seule-
ment rencontrent dans les sentiers de la vie cette perle si
précieuse ; mais ceux qui sont assez heureusement doués
pour embrasser dans un amour sincère ceux qui les envi-
ronnent et pour éprouver en retour une universelle amitié,
ceux-là forment vraiment l'exception, et atteignent la dis-
tinction du vrai mérite.

« Eh bien! le prêtre que nous pleurons a eu, toute sa vie,
l'insigne honneur de mériter cette estime réfléchie, cette
sympathie dévouée qui est le caractère des affections po-
pulaires. Dieu l'avait doué d'une de ces natures riches
qui doivent forcément ravir les cœurs. Esprit droit et
éclairé, âme transparente et ennemie de toute dissimula-
tion, cœur noble, aimant et généreux, caractère éminem-
ment charitable pour tout le monde, tout se réunissait en
lui pour forcer l'estime ou plutôt l'affection de tous. Et
comme la bonté de son âme se reflétait dans sa parole et
sur son visage, elle donnait à tout son être ce je ne sais
quoi d'attrayant et d'aimable qui le rendait si sympathique.
Et voilà pourquoi je puis dire, en toute vérité, qu'il n'a
jamais trouvé que de vrais et sincères amis parmi ceux qui
l'ont connu, partout où la divine Providence a voulu qu'il
exerçât son ministère sacré. Quant aux sentiments que
professe pour lui sa chère ville de Mirande, ah ! mes frères,

votre présence ici en rangs si pressés, si pieux et si recueillis, le dit plus éloquemment et plus haut que toutes les paroles. Ah ! c'est que vous l'aviez connu dès sa plus tendre jeunesse et, mieux que personne, vous saviez quel prêtre d'or nous avons perdu. Voilà pourquoi sa mort, révélant aujourd'hui le secret des cœurs, nous le montre jouissant incontestablement de la sympathie de tous, et voilà pourquoi le cortège de ses funérailles offre à nos yeux attendris comme un véritable appareil de triomphe.

« Aussi, mes bien aimés frères, laissez-moi vous dire à tous : Merci ! — Merci, au nom de cet Ordre glorieux et béni, auquel il s'était donné, où il ne comptait que de chauds amis et que nous sommes heureux de voir représenté à cette heure, parmi nous, par deux de ses membres les plus éminents et j'ajoute les plus intimes amis de notre cher défunt. — Merci, au nom des membres de sa famille, qui lui ont prodigué jusqu'à la dernière heure les soins les plus délicats, les plus intelligents, les plus affectueux, des soins qui certainement l'eussent ravi à la mort, si des soins humains eussent pu le sauver. — Merci encore, merci enfin... ah ! aurai-je bien le courage de prononcer ici ce nom ? eh bien ! oui : merci au nom de son vieux père !... Oh ! sans doute, la mort de son fils ouvre dans son cœur une de ces blessures que rien désormais ne pourra cicatriser, car il n'est pas dans l'ordre de la nature qu'un père ait à pleurer son enfant ; mais, si quelque chose pouvait apporter quelque adoucissement à sa douleur, ce serait certes le témoignage si spontané que vous rendez aujourd'hui, par votre présence, à un fils qu'il aimait si ardemment. — Merci donc, et encore une fois merci à vous tous, mes frères ! Et pour vous, cher et vénéré P. Claude, adieu, adieu, ou plutôt au revoir dans le Ciel ! »

PARIS. — IMP. V. GOUPY ET JOURDAN, RUE DE RENNES, 71